ESCREVO COISAS QUE NÃO SEI DIZER
@MARIA.DINAT

 | altæria

Copyright © 2021 by Editora Letramento
Copyright © 2021 by Maria Dinat

Diretor Editorial | Gustavo Abreu
Diretor Administrativo | Júnior Gaudereto
Diretor Financeiro | Cláudio Macedo
Logística | Vinícius Santiago
Comunicação e Marketing | Giulia Staar
Assistente Editorial | Matteos Moreno e Sarah Júlia Guerra
Designer Editorial | Gustavo Zeferino e Luís Otávio Ferreira

Coordenação da Coleção | Marcella Abboud

Todos os direitos reservados.
Não é permitida a reprodução desta obra sem
aprovação do Grupo Editorial Letramento.

Dados Internacionais de Catalogação na Publicação (CIP) de acordo com ISBD

D583e   Dinat, Maria

Escrevo coisas que não sei dizer / Maria Dinat ; coordenado por Marcella Abboud. - Belo Horizonte, MG : Letramento ; Alteria, 2021.
134 p. : il. ; 15,5cm x 22,5cm. – (Coleção Alteria)

ISBN: 978-65-5932-003-5

1. Literatura brasileira. 2. Poesia. I. Abboud, Marcella. II. Título.

CDD 869.1
2021-731   CDU 821.134.3(81)-1

Elaborado por Vagner Rodolfo da Silva - CRB-8/9410

Índice para catálogo sistemático:
1. Literatura brasileira : Poesia 869.1
2. Literatura brasileira : Poesia 821.134.3(81)-1

Belo Horizonte - MG
Rua Magnólia, 1086
Bairro Caiçara
CEP 30770-020
Fone 31 3327-5771
contato@editoraletramento.com.br
editoraletramento.com.br
casadodireito.com

SOBRE A COLEÇÃO ALTERIA

Alter é outro. Herdamos do latim esse termo que, em grego, era *heteron*. Muito sabiamente, Simone de Beauvoir escolheu esse princípio para reger sua hipótese – infelizmente, verificada no cotidiano – de que a mulher é o outro do homem, aquele que é o grande neutro representante da humanidade. Além de ser o outro, é o segundo; que se opõe ao primeiro homem (hétero, se a gente quiser brincar com gregos e latinos).

Para além dos termos linguísticos, a alteridade é o que faz com que o outro seja outro. É a característica do outro em sê-lo. Opõe-se à identidade. É de se pressupor, então, que qualquer um pode ser alteridade a depender do ponto de vista. Sim e não. Sim, para a concepção filosófica, para o jogo rápido dos radicais clássicos, mas não para a história da humanidade (ou hominidade, se formos justos).

A verdade, por trás dessa coleção, toda assinada por mulheres, é a de que mulheres se comunicam desde sempre e escrevem desde que lhes foi possível. Escrevem diferente, escrevem com uma autoria que só um gênero a quem lhe foi relegado o lugar de outro pode escrever: com *alteria*, o feminino de alter. Afinal, a depender do ponto de vista, o segundo sexo sempre pode ser o *outro*, não *nós*.

MARCELLA (ROSA) ABBOUD

Sabendo que era possível, foi lá e parou de procrastinar.

O risco era apenas o de não ser lida.

Baita risco.

Se fosse guardar essas palavras na minha cabeça,
daqui uns anos não lembraria mais.

Malditos neurônios que insistem em morrer aos poucos.

Escrevo coisas que não sei dizer, até porque
olhar nos olhos me trava a voz.

Não é falta de coragem, tem vezes
que choro só de me explicar.

As palavras são firmes, estou escrevendo
como uma louca tempestade.

Fluindo, sentindo, faceira de não olhar para o teclado.

Estou encarando meu rosto no reflexo desse computador.

Estou encarando, olhando nos olhos das palavras.

"Tem certeza que vai publicar esse livro?"

Esse é meu grande ato inicial, todo
mundo começa pelo começo.

Dedico esse livro aos meus filhos, Joaquim, Amelie e Iolanda.

A razão do meu abrir de olhos.

11
PREFÁCIO

17
ÁGUA

39
TERRA

69
AR

99
FOGO

PREFÁCIO

Fiz letras, estudei gramática, semântica, semiótica, morfologia, teatro americano, teatro do absurdo, literatura fantástica, poesia brasileira, *storytelling* – mas esse texto não é sobre mim. É sobre alguém que não estudou nada disso, mas que nasceu com muito mais do que isso.

Nasceu com um olhar para enxergar poesia, mesmo com o mundo girando a 220 quilômetros por hora na curva. Nasceu com sensibilidade para encontrar empolgação em situações que passariam despercebidas para a maioria esmagadora de pessoas.

Nasceu com uma espécie de Google mental onde busca as palavras certas para descrever a beleza de momentos que são invisíveis a olho nu.

A Maria é capaz de intrigar cientistas, de deixar acadêmicos de cabelo em pé por – a princípio – apresentar um poder inexplicável de criar conexão e identificação por meio de seus textos. O fato é que o poder não vem da técnica.

Uma recomendação para você que iniciará essa jornada: leia esse livro como ele foi escrito – com o coração aberto e o olhar demorado.

MICHEL

Tenho alma bagunçada.
Você não faz ideia de como foi difícil organizar esse livro.
Na minha cabeça, tá tudo certo, o caminho é
fácil, só seguir as placas, ou se não entender
nada, joga no Google (brinks).
Já te falei que me considero bruxa? Bom,
toda mulher deveria se considerar.
A intuição e o senso de farejar encrenca
e manjericão é coisa de bruxa.
Não gosto quando minhas filhas banalizam
o poder da palavra *bruxa*!
Colocam de um jeito tão cruel, como se
toda bruxa fosse má e invejosa.
Meu lance de caçar tempestade vem
um pouco desse lado bruxo.
O poder das nuvens de encostarem uma
na outra pra produzir sons e água!
A força do vento conspirando, a paleta
que traduz bem o caos.
E eu ali no meio de tudo, rezando pra não cair um raio
perto de mim (rezar nunca falha), e sentindo no rosto
como é ter átomos divinos correndo em minhas veias.
Agora você conseguiu entender como foi difícil
organizar esse livro e meus pensamentos?
Dou uma volta no quarteirão só pra explicar que
esse livro é separado em quatro elementos:

Água: todo sentimento escorre aqui.

Ar: sonhos sonhados longe do chão.

Terra: às vezes é preciso voltar pra solo firme.

Fogo: Precisa ser visceral pra valer a pena.

Então tá, é isso.
Agora vem comigo.

somos parte do infinito.
nossos átomos carregados de história.
somos nossos ancestrais,
somos os 4 elementos.
no ar, elevamos nossos pensamentos.
sonhamos acordados com os pés fora do chão.
nossas ideias ainda em um mundo não material,
não palpável, pedindo pra virar realidade.
quando sopradas ao vento, encontra quem precisa.
na água, o sentimento percorre por todos os caminhos dentro de você.
condutor universal, faz o coração pulsar.
na água o mergulho é vital.
viver de sentir é viver de verdade.
na terra, criamos raízes.
essencial para fazer crescer tudo que planejamos.
na terra, tudo que se planta dá.
na terra, desenhamos com o dedo, o destino.
firmes e fortes seguimos.

no fogo, alimentamos nossa chama.
vivenciamos nossos desejos.
visceral, potente, quente.
no fogo, nos apaixonamos perdidamente.
no fogo, vivemos o presente.
no fogo, renascemos todos os dias.

somos parte do infinito,
e nos elementos renovamos nossos sentidos.
a conexão acontece quando água, ar,
terra e fogo moram dentro de nós.

água

me apaixono todos os dias pelas mesmas pessoas

por ter uma memória boa, virei despertador de
tarefas das pessoas que moram em casa.
o apito sonoro é minha voz cansada de relembrar.
toda vez que falo a mesma coisa pela segunda
vez, sinto algo morrer em mim.
as vezes gostaria de esquecer.
me desapegar do controle.
deixar que lembram por si só.
talvez eu tenha virado muleta.
talvez eu tenha deixado as coisas tomarem essa
proporção, viciaram na minha tecnologia:
memória ilimitada.
viciaram na minha certeza.
vivendo pra lembrar os outros é um tipo de solidão, já
que da primeira vez que falo ninguém escutou direito.
faltou atenção, faltou estar presente.
eu vi tudo isso acontecer bem na minha frente.
vi quando desviaram o olhar para
fazer algo mais importante.
minha memória gravou o que minha
voz repetiria mais tarde.
o que sai da minha boca são ecos
que não consigo esquecer.
– não esquece de mim, já que eu não esqueço de você.

Caos é tudo aquilo que foge de mim.
Do meu controle.
Quando sento pra chorar, quando penso em desistir.
Caos é tudo aquilo que me dá medo.
É também tudo aquilo que não me faz desistir.
Em meio ao caos, penso.
Soluções, ideias, traço planos.
De fuga, de sonhos.
Fico, me escondo.
Em meio ao caos, renasço.
Se tudo estivesse em ordem,
Não existiria revolução.
Em mim,
Em nós,
Em tudo.

Caos é tudo aquilo que você precisa pra mudar.
Seja você, seja o mundo.

Somos.
Sou.
Caos.

Que seja infinito enquanto dure.
Assim são os começos de amizades e namoros.
A gente entra de cabeça, se apaixona, faz planos.
Bem que Raul disse uma vez: ninguém é feliz
nesse mundo tendo amado uma vez.
Eu amei mais de uma, e não se engane em pensar
que meu companheiro não fez o mesmo.
A vida é assim, um vai e vem.
A gente acha que é pra sempre, mas
esse pra sempre às vezes acaba.
E, no meio desses planos, a gente se entrega.
E dessa entrega o amor se transforma em gente.
Pequena e indefesa.
Que não tem culpa de nada, que é motivo de choro e riso.
O que segura um amor?
Filho é que não é.
O que faz uma pessoa ficar do lado da outra é a vontade.
E assim os velhos planos de amor eterno se desfazem.
E ficam os elos, os laços invisíveis.
Um pai vai ser sempre pai, uma mãe vai ser sempre mãe.
Mas nascerão pais de coração, mãedrasta e avós
que não eram avós até semana passada.
Esse tipo de amor não se define.
É nítido ali o que cada um é.
"Eu sempre achei que ele fosse o pai…"
Vai ver porque era pra ser, mas
aconteceu de um jeito diferente.
Precisou de uma história maior, mais cheia de detalhes.

E tudo bem se esses desvios não te transformam na família Doriana do século.
O amor apenas mudou de nome.
Agora ele tem nome próprio e sobrenome.
E é lindo, e te faz a pessoa mais feliz do mundo.

eu tinha imaginado algumas coisas
diferentes pro dia do meu casamento.
na verdade, tinha imaginado coisas aos 11 anos, quando
pensava que casar era entrar numa carruagem direto
para um palácio lotado de escadas e trombetas.
pensava que casaria com um príncipe com corte
de cabelo perfeito, abotoaduras no terno azul
escuro, sem um fio de pêlo no rosto, com dentes
tão brancos que até o Neymar ficaria com inveja.
tinha me imaginado com um vestido em camadas,
muitas camadas ao ponto de perder minhas pernas de
vista, um véu que me deixaria misteriosa e um buquê
de flores mágicas que algumas fadas fariam para mim.
bom, esse foi meu primeiro sonho de casamento, até
que parei de assistir desenhos da Disney e comecei a
ler Virgínia, Hilda e conhecer a arte de Frida Kahlo.
foi assim que descobri que não precisava de tanta pompa
pra casar, e foi assim que descobri que esse tipo de
príncipe que citei não faz nem um pouco meu tipo.
você é a tranquilidade de um dia sem trabalho,
sem planos, sem hora marcada.
o cara que senta no chão pra beber cerveja
comigo, o pai mais foda que escolhi para os nossos
filhos, você é o cara que vai se casar comigo
amanhã e depois e depois, sabe por quê?
porque quando duas pessoas querem, tudo conspira.
foi maravilhoso saber ao longo da minha vida
que não existe ninguém perfeito pra ninguém,

mas existem pessoas afins, dispostas a fazer uma grande história de amor dar certo.
e é assim, baby, que seguiremos depois de trocar os votos (desculpa, mas quero te fazer chorar), depois dos SIM, depois do beijo. juntos, daqui até quando a gente quiser.

Oi, novinhas, vim dar spoiler aqui pra vocês.
Quando chegarem aos 33, segura firme, reza, faz
terapia, respira até 100, chora, diz que vai embora,
fica, sofre, dança, xinga (muito), sonha, corre, depois
pensa, pensa bem, até não chegar em lugar nenhum.
Pode ser que não aconteça com você, mas comigo
aconteceu. Sempre achei essa idade meio estranha, 33
anos, talvez eu mesma tenha atraído tantas questões.
Mas é o seguinte. Você vai se sentir nem tão jovem,
nem tão velha. Vai querer desistir de algumas coisas,
vai pensar se não é tarde demais pra pular do barco.
Vai se olhar no espelho e tentar procurar alguma coisa
daquela pessoa que você tanto amou a vida toda. Vai ficar
puta quando te limitam em uma coisa só: ou mãe, ou
fotógrafa, ou mulher, essas três coisas juntas nem pensar.
E é aí que começa a crise. Passei 25 anos sendo Maria
Emília, depois das crianças, sou mãe do Joaquim,
Amelie e Iolanda. Cortaram minha identidade,
retiraram as minhas conquistas. Parece que é um tipo
de "password" pra você entrar na maternidade.
"De agora em diante, serás chamada de
mãezinha". Nananinanão!!!!!
Tem sempre uma rebelde no grupo, né? Prazer, sou eu.
Não aceito, gente. Não aceito só falar
disso, não aceito só viver disso.
Mesmo amando profundamente meus filhos, não
quero pertencer exclusivamente a esse grupo.

Sou tantas dentro de mim, tem a mulher que joga tranca,
tem a mulher que sabe fazer quadradinho, tem a mulher
que escreve livro, tem a mulher que fotografa a vida
das pessoas, tem a mulher empreendedora, a mulher
professora de fotografia, a mulher que gosta de beber, a
mulher que quer ser barista, a mulher que é cabeleireira,
a mulher que lê, a mulher que é livre, a mulher que tem
saudade, a mulher que é loba, bruxa e também mãe.
A maternidade é só um dos meus braços e
a crise aparece toda vez que tentam impor
esse título acima de tudo que sou.
Por isso, novinhas, o spoiler é esse: nadar contra a maré
te dá dor no corpo, é difícil, você se afoga, mas se liberta.
Esse não é um texto materno, esse texto
é sobre uma mulher recolhendo pedaços
que foram arrancados de mim.
Esse texto é sobre uma mulher que carrega
nas costas uma mochila lotada de conquistas,
fracassos, glórias, fotos e palavras.
Esse texto é plural porque dá pra ser mãe e ainda ser eu.

(ps: a idade é meramente ilustrativa, dá pra ter
crise existencial, antes, durante ou depois dela)

Às vezes, é preciso ir muito longe
pra perceber algumas coisas.
Pra escutar o coração e as vozes na cabeça.
Pra saber diferenciar o que é amor e o que não é.
Às vezes, é preciso deixar ir o que não é seu.
Libertar as amarras que te prendem, desapegar
do que não te faz brilhar os olhos.
Você acha que é feliz e o nome disso não é felicidade.
Só se é feliz quando se tem liberdade.
De ser quem é, de fazer o que gosta.
Você acha que é feliz e o nome disso é comodidade.
Sair da zona de conforto é tão difícil
quanto entrar e fincar raízes.
Terra infértil não gera nada além de mato seco.
Às vezes, é preciso cortar pra crescer.
Às vezes, é preciso terminar pra começar de novo.

Chorei e minhas lágrimas se misturaram com shampoo.
Ninguém me vê chorar no chuveiro.
Na boca, o sal que disfarça o amargo do coração.
Tem dias que a noite é foda – já dizia a velha
canção que tocava na Malhação.
Eu não sei você, mas, às vezes, minha
tristeza nem nome tem.
Ela chega e se ajeita no peito, não dando
nem espaço para os dias felizes.
E quando me perguntam o que tenho, só digo que não sei.
Pode ser as dores do mundo, pode ser algum
gatilho que despertou essa angústia, mas, na
maioria das vezes, não sei como chamar.

Sinto muito, sinto tanto.
E quem sente assim, nunca deixa de sentir.
Um buraco de 12 no peito, um vazio gigante.
Tanta coisa linda me cercando quando
meus olhos só enxergam o cinza.
Pode ser que remédio dê jeito, pode ser
que um "Pai Nosso" também.
Mas pode ser que não.

A água escorre meu drama que lava minha alma.
Minha alma quer chorar, então deixo.

Sigo meu coração mesmo quando o caminho é correnteza.

Mamãe não quer sair da cama.
Disse que não tem vontade.
Por um momento doido pensei em como seria
nossa vida se ela entrasse em greve.
Papai faz as mesmas coisas que ela dentro de
casa, mas mesmo assim, seria um caos.
Me dá um desespero olhar ela ali deitada, com
os olhos fixos no travesseiro ao lado.
Parece não piscar, parece não sentir.
Mas sei que sente.
Papai perguntou se ela está se sentindo
mal, doente, com dor de garganta.
Na mesma hora, pensei naquela vez que ela travou
a coluna e mesmo assim fez toda rotina da casa,
trabalhou entre "ais" e "uis", mas estava ali, em pé.
Pensei também naquela vez que ela ficou com
febrão de 40 graus, fez a melhor macarronada que
já comi, nos fez esquecer que estava doente.
É pior, dessa vez é bem pior.
Ela não quer levantar porque não sente vontade.
Ela não quer levantar porque está sem coragem.
Ela não quer.
Papai mais uma vez entra no quarto
e pergunta: *o que você tem?*
Ela disse: *tristeza*.
Fiquei revoltada.
Como ela pode se sentir triste sendo mãe, tendo
uma casa rodeada de gente que chama seu

nome 24h por dia, tendo uma casa inteira feita
dela: seus gostos, seus quadros e livros.
Como pode se sentir triste tendo dinheiro no
bolso da calça, um closet de roupas legais, um
corpinho bonito pra quem teve tanto filho.
Que drama, hein mamãe.
Que exagero.
Que, que... merda.
Mamãe precisa ficar feliz, ela precisa sorrir, ela precisa
querer levantar pra cuidar da vida dela, que somos nós.
Me sinto triste por pensar que só quero que ela
melhore pra poder fazer as coisas do jeito que gosto.
Pra casa ganhar vida de novo, pros seus gritos ecoarem
lá do banheiro, pra saber de suas novidades frescas
que chegam com apitos sonoros em seu celular.
Ela precisa ser feliz de novo.
– *Mamãe, cadê você?*
O som do chuveiro nunca me pareceu tão reconfortante.
Ela está lá, aposto que misturando suas lágrimas
com água quente, sabão com maquiagem borrada.
A tristeza esvai de seu corpo e já consigo imaginar
seu rosto corado e um sorriso com o canto da boca.
Ela sai do banho cheirosa e com batom vermelho.
Ela voltou a ser feliz ou seu poker
face é o melhor em 15 anos.
Suas primeiras palavras: – *Nossa gente, que bagunça é essa?*
Tudo parece estar em seu devido lugar.

(sobre o peso do mundo nas costas de uma
pessoa que não quer levantar da cama)

sou dessas pessoas que gosta de sentir saudade o tempo todo.

eu já quis partir, você também.

você não era assim, muito menos eu.
a gente se apaixonou, lembra?
de um jeito juvenil de perder a cabeça.
daí apareceram as contas, o caos, a aritmética que
me fez chorar, uma balança desigual, uma cabeça
esquecida, você bufava daqui e eu de lá, que saco ver
nosso amor crescer igual adultos engravatados.
foi aí que eu te vi de novo, e você também.
gostou das ranhuras, da falta de brilho.
achou bonito chorar.
achou interessante viver.
apesar de querer fugir em dias de mar revolto.
é aí que tá.
gostei de você antes, gosto de você agora.
é o mesmo dos 23, num corpo de 32.
todas as suas versões continuam em você, e é assim
que me encontro com a pessoa que quis casar
e ter filhos, no meio das sombras dos dias.

te falei que sou complicada, você me
disse que não tem pressa.
você quis ficar, eu também.

eu teria muitos livros escritos se não tivesse
que recolher essas bagunças no chão.
eu seria uma artista virtuosa, criativa, ativa,
se eu não tivesse que emprestar parte do meu
cérebro para resolver o almoço, as tarefas
domésticas e a lição de casa dos meus filhos.
eu conseguiria expressar numa tela com tinta,
os desejos do meu coração, mas enquanto
escrevo, recupero minha garganta que acabou
de gritar ordem dentro do meu barraco.
eu brilharia muito se olhassem pra
mim do jeito que olho pra eles.
não tenho, não sou, não consigo.
quantas mulheres deixam de fazer arte para
cuidar do bem estar das pessoas que ama?
quantas mulheres deixam de se realizar
para que outras pessoas se realizem?
quantas mulheres deixam de ser poetas
para viver a realidade crua dos dias que
não podem contar com ninguém?
os minutos que restaram para eu criar uso
cansada no sofá tomando vinho seco.
a inspiração que senti ao acordar descansa infeliz
dentro de mim, esperando pelo momento certo de
virar matéria e não sumir feito poeira cósmica.

eu teria muitos livros escritos se não tivesse que usar
essa página pra desabafar o que me pesa os ombros.
eu seria uma artista.
eu, finalmente, seria.
não quero me apresentar falando tudo
que estou no momento: professora de
fotografia de celular, mãe e escritora.
quero me apresentar como sou: caçadora de tempestade.
gosto de olhar nuvens, andar descalço.
gosto de sentir o vento na cara, gosto
de ver o céu mudando de cor.
o brilho da Lua reflete dentro de mim.
reparo no balançar das cortinas, reparo na bagunça.
gosto de ligar o rádio do carro numa estação aleatória
e escutar música pensando que aquilo é um sinal.
penso em comida desde a hora que
levanto até a hora que deito.
amo dançar.
fazer planos malucos é uma das coisas que me
motivam a nunca parar de fazer planos malucos.
sonho acordada.
gosto de escrever, gosto de olhar pra luz e
pensar que estou dentro de um filme.
gosto de ser a protagonista, gosto do drama.
sou bruxa.
sou uma pessoa que fala sozinha, que
não gosta de tomar banho.
sou uma pessoa que um dia vai ter seu próprio café.
coleciono livros e xícaras.
coleciono fotos e tatuagens.
sou também uma caçadora de momentos.

uma contadora de histórias.
sou na verdade quem eu quiser ser.
e você também.
li outro dia que quem bebe café sem
açúcar tem tendências psicopatas.
mascarar o gosto das coisas com cana seria o normal?
me recuso sair da lista de "serial killer" para
fazer parte do grupo que disfarça o amargo
com adoçante pra ver se desce melhor.

gosto de usar filtro no Instagram que
deixam meus olhos mais claros.

eu fazia o mesmo quando era criança,
usava gotas de limão.
minha vó falava que limão no olho fazia mudar a cor.
tô escrevendo esse texto rindo de nervoso, só
pra contar que antigamente as pessoas também
não se aceitavam como são, mas ninguém
ficava sabendo, a não ser minha vó Maria.
o cabelo enrolado da minha vizinha era
melhor, as barbies da Rafaela eram melhores,
as férias da Fernanda eram melhores.
sinto muito dizer que estamos vivendo num
planeta com pessoas que ainda se comparam, que
ainda competem e que ainda são humanos.
hoje, depois de 25 anos que tentei fazer meus
olhos castanhos virarem mel, reconheço
a loucura do ato, mas não julgo.
não fui a primeira e nem serei a última a tentar mudar
alguma coisa na aparência para sentir confiança.
as fases passam e só com o tempo pude perceber que
não ser igual aos outros é o que me torna especial.
única.

quando topei ser mãe tinha que ser do meu jeito.
as minhas ancestrais ditaram algumas regras
e regras existem para serem quebradas.
tem que ter emoção!
olho no olho de criança, só sentada no chão.
mostro as cores do mundo e meu filho
escolhe suas favoritas, no plural.
me divirto ensinando o nome das coisas, assistindo os
mesmos desenhos mil vezes, ajudando escrever frases
com letras enormes que ocupam uma página toda, igual
quando ocupou minha vida no primeiro choro, tornando
parte gigante de um coração que achava ser pequeno.
todo dia é uma escalada, e o mais importante
não é o chegar no topo e fincar bandeira.
o mais importante é segurar na mão e seguir juntos
nesse caminho cheio de pedras e barrancos.
se eu topei essa aventura, foi porque
meu filho também topou.

desliguei os motores e deixei o barco ir sozinho.
atravessando águas profundas, ao
menor sinal de Terra por perto.
o Sol é bem mais bonito pessoalmente, o vento faz
barulho mostrando sua presença no invisível.
queria desver as últimas notícias, queria
desacreditar em tamanha besteira.
me conectar apenas com as coisas simples, deixando
de lado a chatice das respostas automáticas.
escrever é um exercício de presença,
assim como fotografar.
era eu ali e mais ninguém pra fazer a foto da
silhueta das pessoas que mais amo no Mundo.
só consigo fotografar o presente.
nem antes, nem depois.
observei e absorvi o que tinha que aprender,
longe de qualquer sinal de wi-fi ou outra coisa
que me roubasse os olhos e a cabeça.
até ontem não queria voltar.
sou dessas pessoas que gosta de sentir
saudade o tempo todo.

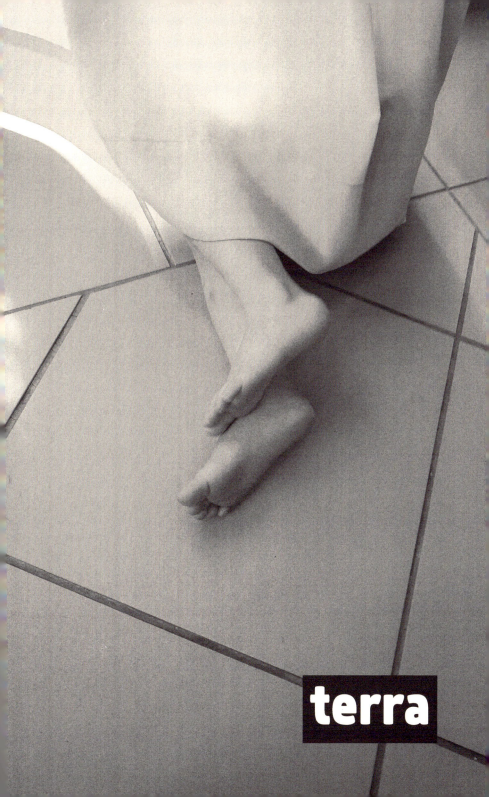

tudo começa e acaba.
as fases passam.
se estamos preparados ou não, se estamos maduros
ou não, independentemente disso, a página vira.
entender os ciclos, muitas vezes, não
depende do nosso fôlego recuperado.
que bom seria viver se antes de cada
baque estivéssemos prontos!
por isso vivemos tantos lutos em vida.
morrem tantas coisas: trabalhos, amizades,
relacionamentos, versões de nós mesmos.
nos deparamos constantemente com finais de
grandes histórias dentro do nosso próprio livro.
quando olhamos pra morte como uma enorme
oportunidade de renascer, evoluímos.
passamos pra uma nova fase, revemos antigos
conceitos, nos libertamos de sentimentos
que nos impediam de seguir em frente.
é hora de deixar ir, é hora de confiar nos processos, é
hora de esvaziar o copo pra depois encher novamente.
existe tanta vida na morte, porque dela nasce a esperança
e a força que precisamos pra começar tudo de novo.

Não se trata mais se é de esquerda ou de direita.
Se é anti-pt ou pró-governo.
Não é sobre quem escolheu quem.
O jeitinho brasileiro tem matado muita gente.
Ser espertão, "dar um rolezinho no final da tarde
não faz mal pra ninguém." "Quarentena pra quê,
se não é todo mundo que está fazendo."
"Gripezinha que mata idoso", teorias
conspiratórias de mentes com ócio criativo.
Pessoas olhando para seus próprios umbigos num
salve-se quem puder com o foda-se ligado.
Querem que o Brasil mude, mas quem
tem que mudar são as pessoas.
Repetir padrões de um governo
desastroso não é mudar o Brasil.
Entendo sobre decepções, eu mesma já me decepcionei
anos atrás com um cara que pra mim era herói, mas
não passava de um ser humano de carne e osso.
Assim como o herói de muitos que agora está no poder,
que também é humano, mas parece que não tem coração.
Não se trata mais de ser o dono da verdade.
Estou escrevendo tudo isso na minha casa, não
sou rica, meu sustento vem do meu trabalho,
mas quis ficar aqui pra que pessoas que não
podem fazer o mesmo saíssem pra trabalhar.

Parece tão pouco pra quem quer mudar um país todo, mas agora é tudo o que posso fazer, além de rezar feito louca pra todas as coisas que acredito pra abrandar o sofrimento dos mais necessitados, dos enfermos, dos aflitos.

Não se trata mais se seu orgulho está ferido.
O que não tem volta são as vidas que se foram.
Se você enxerga isso como uma lição de moral,
meu amigo, talvez você precise abrir os olhos.
Isso é sobre minha impotência de revolucionar meu Brasil sem sair de casa, sem ter uma voz que ecoe e faça sentido no coração e na razão das pessoas.
Eu quero um lugar melhor pra viver, um lugar para meus filhos viverem, e essa transformação depende de mim, de você, de todos.

Não é sobre partido, é sobre humanidade.

(sobre pandemia e outras coisas)

o que não cabe mais em mim vira palavra.

que coisa doida é viver.

até ontem, eu achava que ter razão sobre
todas as coisas era o mais importante.
mas daí vi que, se eu tivesse razão em tudo,
muitas pessoas que amo ficariam tristes.
a graça maior de ter razão é falar: EU AVISEI,
SOU FODA, SABIA DESDE SEMPRE.
mas, depois dessa explosão de satisfação, ainda
vejo tudo ao meu redor desmoronando.
foi aí que percebi que ter razão não é a melhor coisa.
até ontem, achava que ser popular me
levaria a lugares que nunca cheguei.
ser amada por muitas pessoas, isso sim deve ser legal.
foi aí que descobri que existe solidão nos lugares
mais cheios, que existe tristeza por trás de uma
foto bonita e que ser amada por todos e não ser
verdadeiramente amada por mim, não valia de nada.
até ontem achava que o frio na barriga era o termômetro
das coisas que realmente me faziam feliz.
de que vale a vida se não for pra sentir prazer em tudo?
foi aí que percebi que se o frio na barriga sumir,
talvez o problema seja a minha barriga. talvez
seja eu que desisti de tudo antes mesmo de
saber para onde isso tudo ia me levar.

o tal de escrever certo por linhas tortas.
que doideira essas fichas caindo e eu aqui,
ligando uma coisa na outra, pensando que passei
todos esses anos fazendo coisas que só serviram
pra me mostrar o quanto estava errada.
ser dona da razão é ser dona de nada.
até ontem, achava que a vida era um
jogo de vencer ou perder.
a vida não é um jogo.
ninguém ganha quando todos perdem.

Fazia tempo que não conversava com Deus.
Que não pedia e agradecia tanto.
Antes não sabia nem como chamá-lo.
Agora é sempre.
Antes de almoçar, no meio da tarde, antes de dormir, assim que acordo.
Comecei a rezar alto e ontem meu filho viu que não fiz isso e perguntou: *mamãe, hoje não vai ter "rezação"?*
Pra falar com Deus não tem hora.
Pode ser agora.
Fazia tempo que não valorizava o silêncio.
Foi assim que lembrei que todo silêncio é uma prece.
Sigo na quietude dos minutos e no contato com o divino, independente de como o chamam por aí, pra mim é Deus.
Obrigada, por mais um dia de vida.
Obrigada!

Filhas, vão dizer pra vocês se comportarem direito.

Sentar como uma mocinha, ficar boazinha.

Vão dizer coisas que vocês já sabem, mas
vão querer explicar certinho, como se vocês
não fossem capazes de entender.
Vão olhar torto caso suas roupas sejam curtas
demais, ou se vocês dançarem até o chão.
Vão julgar caso resolvam beijar várias
pessoas da mesma roda.
Vão julgar se vocês não quiserem casar e ter filhos.
Vão deixar pra vocês algumas cargas mentais e
emocionais pesadas, só por serem mulheres.
Vão diminuir seu trabalho.
Vão medir sua força pelo seu muque
e não pela sua vontade.
Sua fragilidade, pelas lágrimas nos olhos.
Vão analisar seus corpos e exigir padrões.
Vão dificultar muitas coisas caso vocês
decidam lutar pelo seus direitos.
Mas, cada vez que vocês usarem sua voz para
imporem suas opiniões, muitas outras mulheres
se sentirão fortes para fazer o mesmo.
E, assim, todos os olhares tortos e todos os
dedos julgadores serão reprimidos, assim como
fomos (e somos) durante anos e anos.

Vocês não estarão sozinhas nadando contra a maré, quebrando regras, mudando o rumo das coisas.
Vão dizer pra vocês desistirem, mas juntas vamos dizer: não, obrigada!

Valentes, atentas e fortes.

Perdi as contas de quantos projetos iniciei e abandonei.
Me culpei muito tempo por não ter chegado até o fim até me dar conta de que abandonar o navio é uma opção do tripulante.
Quis encerrar e não foi precocemente, foi na hora que tudo aquilo parou de fazer sentido.
Me chamaram de mimada.
Pois é, logo eu que não tenho medo nenhum de tentar.
Mas permanecer em alguns botes furados é tolice.
Eu pulei pra me salvar e assim começar de novo.
Foi nadando que comecei a pensar no processo, em tudo que fiz até aqui.
Nadar, nadar e nadar, pra morrer na praia? Jamais.
Nadar, nadar e nadar, pra aprender a nadar melhor!

"Nunca é a hora certa."

Antes de ter filho, preciso mudar de
casa, de carro, de trabalho.
Conhecer o mundo, ter dinheiro na poupança,
finalizar aquele curso de inglês que já dura 5 anos.
Fazer aquela porrada de exame de sangue que
faz uns 3 meses que está fixado na geladeira.
Finalizar livros, séries e zerar a lista dos 100 filmes
que todo mundo deveria assistir antes de morrer.
Correr uma maratona, virar faixa
marrom de Judô, praticar Yoga.
Conhecer os restaurantes mais incríveis, ir em
festivais de música com uma roupa bem fashion,
baixar consideravelmente a gordura do corpo.
Se eu fosse esperar pra riscar todos esses
itens, talvez fosse mãe aos 90 anos.
Parei de pensar na hora certa, parei de procurar
minha felicidade num futuro que nem existe.
Talvez eu não consiga conhecer o Mundo todo, talvez
eu não vire uma musa fitness, talvez eu durma durante
os melhores filmes, talvez eu não goste de correr.
Mas pelo menos sei que mesmo não sendo "a hora certa",
meu coração vai ter aquilo que ele merece: amor.

Não foi fácil chegar até aqui.

Sabe aquela história estranha, *"tive que me perder pra me encontrar"*, aconteceu. Em 2019, passei por diversas transformações pessoais, me afastei de tudo. Amigos, família, marido, filhos. Acordei um dia e não queria mais ser só mãe, ou ser só casada, ou ser só fotógrafa. Pirei querendo ser alguém que não existe. Porque ser mãe não é uma coisa que você do nada fala, 'tô de boa hoje, não quero'. Ser esposa de alguém não é uma coisa que você fala do nada, 'tô de saco cheio, sai daqui'. Ter uma profissão não é uma coisa que você fala do nada, 'não quero mais trabalhar com isso, tchau'. Tudo é fase.

Os perrengues e crises de um amor longo, o sufoco da maternidade que não te permite respirar às vezes, uma profissão que me faz realizar meus sonhos pessoais ao mesmo tempo que me brocha por ter que lidar com algumas coisas.

Mas o que fazer? Em 2020, encontrei as respostas de 2019. Não dá pra ser quem eu não sou. Não dá pra chutar o balde quando o problema não é o balde, não dá pra perder tempo buscando coisas pra preencher vazios que não existem de fato.

Construir uma família é tarefa difícil, porque me escapa das mãos os pratos que equilibro, mas tudo bem quebrar alguns pedaços, desde que o tempo não seja desperdiçado pra juntar todos os cacos do chão e colar tudo outra vez.

O que eu sou não dá pra negar.

Sou mãe e amo ser mãe, sou esposa e amo ser esposa, sou fotógrafa e amo ser fotógrafa.

Só precisava enxergar tudo de novo, pra me apaixonar perdidamente por tudo que sou.

nunca pergunte para alguém porque
ela deixou de te seguir.
o problema não é você, aliás, na maioria das vezes,
o problema não é você, leve isso pra sua vida.
nunca mande nada sobre trabalho por
zapzap depois das 18 horas.
as pessoas perderam a noção do tempo,
acham que tudo funciona 24h.
respeite as pessoas e o tempo delas.
nunca entre no banheiro e fale alto: que fedor!!!
as pessoas ficam constrangidas por não cagarem cheiroso.
ao visitar pessoas que têm filhos ou cachorro, nunca
fale que a criança é barulhenta, ou que ela não pára,
ou que ela faz muita bagunça, ou que o cachorro
solta muito pêlo, ou que está fedido, aquela casa
não é sua, os incomodados que se mudem.
nunca compare pessoas.
cada vez que você faz isso, diminui alguém pra
enaltecer outra, ninguém é igual a ninguém.
nunca faça um comentário negativo ou que
prejudique alguém por mais bem intencionado
que você esteja. por exemplo, uma vez eu postei
uma foto de um look ao lado de uma planta e
uma pessoa falou: sua planta está morrendo.
sabe o que eu acho? que pessoas "bem
intencionadas" estão fudendo o mundo.

Não tente impor o seu estilo de vida
na vida das outras pessoas.
tem gente que não acha legal andar de bicicleta, tem
gente que não gosta de correr, tem gente que não
gosta de yoga, tem gente que não acredita em Deus.
nunca estrague a vibe do outro.
se o coleguinha acredita em astrologia, em
sereia, na Disney, em gnomo ou qualquer
outra coisa, deixa ele ser feliz.
não é porque você não acredita que todo
mundo deve seguir o que você acha.
e não tente questionar mostrando seu diploma,
ou um livro, ou qualquer coisa que faça você ser
o dono da razão, o dono da verdade absoluta.
o mundo gira em torno do Sol, e não em torno de você.

eu que lute.
se é pra levantar cedo,
se é pra não levar desaforo,
se é pra fazer o meu melhor.

eu que lute.

se é pra fazer acontecer,
se é pra viver intensamente,
se é pra dar as cartas do jogo.

eu que lute.

sou a protagonista da minha história,
o final feliz depende de mim.

(sobre ser dona e proprietária da minha vida)

quando sinto meus pés no chão lembro que é uma boa hora pra pegar impulso e voltar para as nuvens.

tu vens, te li num papel de laboratório.
meu coração repartindo em mais um pedaço.
fiquei com medo de perder o trono,
logo eu, adulta e feminista.
descobri dias depois que era um menino, me arrependi
do pensamento egoísta, seria legal sim ter uma irmã.
mas veio você, de nome Paulo, outro nome
bíblico, homenagem ao seu avô.
fui telespectadora de uma barriga
que crescia rápido de longe.
imaginava seu rosto e como seria te pegar no colo.
você fez nosso irmão caçula não ser mais o caçula.
você fez meu olho brilhar sem ao menos ter nascido.
num dia cinza na cidade cinza, a mãe
avisou que a bolsa estourou.
como essa frase mexe com a gente.
era hora!
no dia dezenove do onze, escorpião, garoto grande.
como é que vivi todos esses anos sem você?
naquele quarto de hospital nascia de novo uma mãe.
nascia de novo uma irmã.

outro dia, vi uma menina falar mal de quem
murcha a barriga para fazer selfie.
outro, vi uma pessoa falando mal de
quem gosta de rebolar a bunda.
outro dia reclamaram que o prefeito trocou os
bancos velhos por novos mais modernos.
outro dia apontaram o dedo para quem come miojo.
é gente que reclama de gente.
outro dia, vi um post irônico sobre mães de humanas.
outro dia, falaram mal do maiô de uma
atriz por ser grande demais.
quase todo dia vejo pessoas diminuindo
pessoas por conta de nada.
outro dia, estavam falando mal de
quem faz harmonização facial.
outro dia falando mal de quem luta
pelos direitos dos animais.
a verdade é que tem muita gente cuidando da vida alheia.
tá sobrando tempo pra apontar o dedo.
tá faltando noção nesse mundo virtual.

por falta de olho no olho, metralhadora de
julgamentos saindo sem filtro das teclas que
invadem as vidas e as feridas do outro.

juntei seu rosto despedaçado no chão.

um vento te derrubou em uma manhã tranquila.
esse foi o motivo que faltava pra eu acreditar
que estava bom demais pra ser verdade.
te fixei com dupla-face velha na parede, te
garimpei em dezembro em São Paulo naquele
formigueiro que só podia ser de áries.
quando a encontrei entre outras coisas
coloridas, reparei que era filha única.
te levei pra casa acabando com o saldo do meu nubank
e mesmo assim, te fixei com dupla-face velha.
minha intuição tentou avisar.
silenciei a voz chatinha pessimista que me
falava que um vento te colocaria no chão.
escutei teu barulho de longe.
fechei os olhos com força querendo voltar no tempo.
levei as mãos na boca, senti uma pontada no estômago.
sentei pra recolher as tuas partes.
seus olhos ficaram longe de seu nariz,
sua testa foi parar na cozinha, sua
boca estava virada pra baixo.
o azul que contrastava tanto com as flores vermelhas
de seu cabelo viraram um enigma difícil de decifrar.
juntei o que ainda dava jeito, encaixei e colei o que podia.

vi seu rosto cicatrizado na porcelana gelada.
o vento transformou em arte o que antes era um presente.
seus pedaços colados me fizeram enxergar que aquilo
tudo aconteceu de uma maneira providencial.
uma Frida sem marcas não é Frida.
tenho em mãos teu retrato mais fiel:
imperfeita e maravilhosa.

o esquema é o seguinte.
não abra mão do teu amor por nada.
não deixa de fazer suas coisas.
não cede, não fica, não some.
não abaixa a cabeça, não pensa com carinho.
a sua vida vale mais do que qualquer
promessa feita de olhos fechados.

o esquema é o seguinte.
não abra mão do teu amor por nada.
do teu amor que é seu, só seu,
próprio.
promete?

me censuraram e eu nem percebi.
fui proibida de sentir.
fiquei pensando: o que fiz de errado?
sozinha no meio de um monte de gente.
pedi atenção e ele nada.
culpou o signo, depois o trabalho.
o olho no olho, parou no chão.
difícil encarar quem tem razão.

quando escrevi valente no pescoço, faltou
coragem de ser o que tatuei.
valente no dicionário significa não recear o perigo.
acontece que toda vez que o perigo me
encontrava, ia na contramão.
é pra enfrentar e eu me afundo no trabalho.
é pra encarar e eu desvio o foco.
o perigo é viver o que dá vontade de viver.
na hora que parece incerta, no momento
que parece inoportuno.
recear o perigo é pular fora antes de saber
se o barco vai mesmo afundar.
quando resolvi ser valente, a primeira
coisa que fiz foi abrir os olhos.
a segunda foi pular no abismo dos meus sentimentos.

novo conceito é a frase que usam para
explicar o velho remodelado.
nova experiência é o novo gourmet.
nada se cria, tudo se enfeita.
o problema é a quantidade de pessoas que
prometem novos conceitos e novas experiências
de coisas que já existem aos montes.

se reparar bem, a vida é um espetáculo e você
está na primeira fila observando atentamente
o que vai acontecer agora e depois.
nenhum dia é igual.
tem dias que são vistos com os olhos,
outros com as emoções.
sabe aqueles testes psicológicos que você tem
que encontrar a donzela ou a senhora?
tudo depende do ponto de vista.
tudo depende do seu esforço de
querer ver igual ou diferente.
de querer entender ou não.
não existe um manual que te desperte.
você pode passar a vida toda no automático,
ou pode quebrar as regras.
você decide.
ressignificar é olhar diferente pra mesma coisa.
dar mais uma chance.
demorar e perceber detalhes nunca vistos.
e assim enxergar que a beleza é relativa aos olhos
já que só se enxerga bem com o coração.

apelou, perdeu.

o grito de atenção.
o corpo cru que revela o desespero.
as palavras agressivas que viralizam,
envenenando quem lê,
machucando quem sente.
a angústia mora no vazio de sorrisos falsos,
de quem quer escancarar as feridas
que não estavam cicatrizadas.
tudo em troca de corações vermelhos.
tudo em troca de métricas.
tudo em troca de nada.

apelou, perdeu a razão.

mentiras contadas com mesas falsas de café da manhã.
o pão que nem foi mordido por medo do
glúten mudar a estrutura corporal.
a piscina paradisíaca fica mais bonita na
foto, o mergulho nunca aconteceu.
a roupa parece vestir bem, mas é bem
desconfortável e ninguém sabe.
o romance lindo de ver não é lindo de viver.
as plantas são mais verdes com filtro no celular.
os céus de todos os dias são fotografias repetidas.
#gratidão são usadas por estarem no trending topics.
a paz que tanto procura não está no seu bolso.
o corpo perfeito do verão não é o seu, é o que dizem.
o sorriso mais branco do Mundo não está na sua boca.
as amizades mais divertidas acontecem nos stories.
um livro não lido, porém bonito,
compõe seu lado intelectual.
sardas pintadas com pincel sujam seu rosto.
o café esfriou e ainda assim parece bom.
tudo parece perfeito demais pra ser verdade.
o que você vê não é real,
o que você não vê é a vida acontecendo.

lembre-se sempre:
de perto ninguém é normal, ainda bem.

FAÇA A FOTO

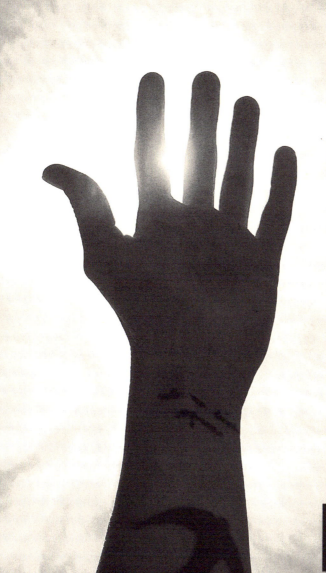

fiquei pensando: não posso esquecer.
e esqueci.
eram tantas coisas.
teve o momento da luz rosa assim que o Sol foi embora.
teve o momento do café feito na cafeteira dos outros.
falei mil vezes em morar no meio do mato,
só não achei como fazer isso acontecer.
tenho medo de grilo, cigarra, sapo, ganso que corre atrás
da gente, tenho medo de abelha que gruda no cabelo.
não vi nada que me desse medo.
entre a vida de antes e a de agora, escolho a última.
a que demoro mais.
o café esfria e tá tudo bem.
o mundo teve que parar pra me fazer
entender algumas coisas:
a vida acontece no presente, a angústia aparece
quando deixo de respirar e os livros que
comprei serão lidos no tempo certo.
tinha muito mais pra contar, assim que eu lembrar, volto.
assim que eu lembrar.

Saía de fininho.
– Onde você vai, vô, com tanta pressa?
– Vou pra lua.
– Também quero.
Era só o tempo de colocar um chinelo
e entrar na caminhonete.
O caminho longo onde deixávamos os temperos da
sua hortinha orgânica nos anos 90 era um sucesso.
Quitanda, padaria, mercadinho, pastelaria.
Até chegar no destino principal, não na lua, mas
num barzinho de esquina pra comer coxinha.
Ele pedia várias pra gente, empadinha
pra ele, tudo com coca-cola.
Mastigava tão rápido que quando
dava conta, ele tinha sumido.
A gente saía correndo atrás: *espera, vô!!*
Ele ligava o motor barulhento e limpava os farelos da
massa podre que caíram na camisa social de mangas curtas
cinza com bolso lateral pra levar pente e documento.
Soltava um arroto que dava susto na
gente e uma risada de satisfação.
Empadas e sustos é o que ele mais gosta na
vida, além de ir pra lua sempre que pode.

(esse é pro meu vô, meu avôhai)

o vento lá fora o cheiro de roupa limpa a luz baixa de uma
praça as gotas de chuva na janela livraria prestes a fechar
risada em escada-rolante drive thru de uma lanchonete
capitalista saudade de comer salsicha felicidade por ver
um time perder vontade de morango com sorvete palheta
de estimação livro gasto sensação de conhecer algo muito
bem ausência do que ainda não vivi saudade do que já
vivemos pássaro preto corujas alces tartaruga quem ri
por último não ri melhor solidão filmes água com açúcar
anos 2000 serviço de correio cheiro de laranja cheiro de
chuva depois que cai romeu e julieta estrada com destino
conhecido setembro outubro março abril maio junho
dúvida incerteza medo frio na barriga arrepio sonho alma
dividida tempo bancando o cruel destino fazendo sua
parte sonhos vidas palma da mão marcada amelie treze
infinito incondicional liberdade para voar e voltar amor
seguro casamento sem papel romance inédito sentimento
indescritível lado a lado mão dadas motorista que
dirige mal não sabe fazer rampa risadas compartilhadas
presença invisível história para contar mais tarde luz do
sol deixa tudo mais bonito luz da lua deixa tudo mais
mágico sincero puro intenso vampirismo com proteção
de um crucifixo adeus tchau volta logo fica aqui loucura
caos emocional montanha-russa de sensações cheiro
de pinheiro de dendê toca aí voz eco janela até mais

(escrevi esse texto pro Michel no
começo do nosso namoro)

se reparar bem, a vida é um espetáculo e você
está na primeira fila observando atentamente
o que vai acontecer agora e depois.
nenhum dia é igual.
tem dias que são vistos com os olhos,
outros com as emoções.
sabe aqueles testes psicológicos que você tem
que encontrar a donzela ou a senhora?
tudo depende do ponto de vista.
tudo depende do seu esforço de
querer ver igual ou diferente.
de querer entender ou não.
não existe um manual que te desperte.
você pode passar a vida toda no automático,
ou pode quebrar as regras.
você decide.
ressignificar é olhar diferente pra mesma coisa.
dar mais uma chance.
demorar e perceber detalhes nunca vistos.
e assim enxergar que a beleza é relativa aos olhos
já que só se enxerga bem com o coração.

pro José, seus sonhos verdes de gramado e apito na boca.
te ver fazendo o que gosta, ensinando a sua arte de driblar.
usando sua inteligência pra estratégias de um
campeonato amador no final de semana.
sem formatar ou fazer conta de mais e menos.
programador é quem faz programa?
treinador é quem ensina a gritar gol.

pro André, seus sonhos de investidor
com uma casa cheia de Anakins.
te ver brincar com quem tem adoração por ti,
criança gosta de quem tem bom coração.
o cara que nem caderno tinha, monta
cômoda sem sobrar parafuso.

pra Tânia, Tanismari, mãezinha, seus sonhos de acertar
os 6 números pra fazer seus pais morarem perto.
te ver sonhando em voz alta é tão
bom quanto fazer a quina.
quero tanto que seja nessa vida, pra te ver chorar
de alegria por saber que sempre esteve certa.
a sorte do nosso lado, desde o quadro do Portinari.

pro Michel, seus sonhos de ir pra NY
visitar todos os cafés do Pinterest.
pegar em sua mão mesmo quando
você insiste em andar devagar.

a conta no azul, tanta coisa pra viver e te convencer
de que seria um baita pai de 4 filhos.

pro Joaquim, seus sonhos de montar
todos os cubos que existem.
te ver jogar no Barcelona como me falou outro
dia, e quando disse que gritaria: *eu te amo!*
bem alto, você me falou: vou gostar.
meu artista completo que faz meus olhos
brilharem por assistir tudo que imaginei
viver nesses 9 anos como sua mãe.

pra Amelie, seus sonhos de ser médica, fotógrafa,
cozinheira e cuidadora de animais.
cada dia acrescenta uma profissão nessa cabecinha linda.
a pessoa mais preocupada com 6 anos que já conheci.
um amor de menina, o amor da minha vida.

pra Iolanda, seu sonho que ainda não decifrei.
é a única que mete o biruta fazendo o
que quer, na hora que quer.
sem planejar, os papéis são picotados em mil pedacinhos
e se alguém der bobeira, lá se vai cabelo, roupa, cortina,
capinha de celular e outras coisas que não lembro agora
por estar me pedindo pela quinta vez pra fazer seu tetê.

pra Maria, seus sonhos de realizar.
que saiam da cabeça, do mundo do faz de conta.
do seu infinito paralelo que te inspira e te alimenta.
sonho de olhos abertos que é pra ver o
tamanho disso tudo dentro de mim.

Pensei em fugir de casa hoje.

Pensei que seria legal uns dias sozinha por aí.
Pensei que só assim deixaria de ser trouxa por sofrer tanto por sair catando as coisas que estão fora do lugar, que todo mundo passa por cima e nem vê.
Pensei que isso seria legal pra começarem a dar valor em mim.
Mas também pensei que talvez sentissem que minha ausência foi um alívio.
Pensei em parar o carro no estacionamento do mercado pra poder pensar no que tô falando e transformar isso tudo em um texto.
Pensei no meu fardo, lembrei que cada um aguenta o que pode.
Pensei nas outras mães, pensei que a cena se repete por lá também.
Pensei em quem não é mãe, tem um monte de coisa pra fazer e que tem essa mesma vontade de sumir do mapa.
Pensei que umas três coxinhas com maionese me serviriam de consolo, mas a azia no final do dia me mostraria que não vale a pena afogar dores no óleo.
Pensei em brigar com o mocinho do mercado que empacotou coisa de geladeira com pacote de bolacha.
Pensei em sair de todos os grupos do WhatsApp, pensei em deletar minha conta no IG, pensei nisso tudo como forma de cura do meu desassossego.

Pensei que podia ser coisa do horário de verão
que me deixou uma hora mais cansada.
Pensei que podia ser coisa de segunda-feira porque
é um dia bom pra dar uma enlouquecida.
Pensei que podia ser só uma fase,
dessas que logo, logo passa.
Mas pensei também que tô cansada pra caramba
de fazer todo dia a mesma coisa e que seria muito
massa se, do nada, eu ganhasse um sorteio de uma
viagem de 7 dias pra um destino lindo no nordeste.
Mas lembrei que não participo de sorteios e que preciso
liberar vaga aqui no estacionamento do mercado.
A realidade às vezes dói, às vezes chateia, às
vezes tira o romantismo e a graça das coisas.
Mas sentir tudo isso é um sinal de que estamos
vivendo do jeito certo, já que nada cai do céu.
É assim, uma hora a gente chora, na
outra a gente comemora.
C'est La Vie!

pra ser uma caçadora de tempestades você precisa:
gostar de tomar chuva,
gostar de olhar nuvens,
gostar do filme twister (isso é uma obrigação quase),
não ter muito medo de raio (tenho trabalhado nisso),
gostar de muito vento batendo no
rosto, bagunçando o cabelo.
saber o nome de pelo menos 3 tipos de nuvens,
ter olfato bom pra sentir o cheiro da chuva chegando,
ter instalado no cel algum app sobre meteorologia,
se imaginar numa caminhonete cortando os canaviais em
busca de tempestade quando não estiver fazendo nada.
ter no seu celular pelo menos 50 fotos de tempestades,
gostar de dirigir na chuva.
ser aquela que fala: "vai cair um temporal
hoje", e ninguém acreditar.
e toda vez que presenciar um céu caótico, sentir que
você faz parte daquilo também, tipo força da natureza.
partiu?

sensações maravilhosas:

ver um arco-íris no céu depois da chuva.
rir até chorar.
dançar no meio da rua.
sentir o cheiro do asfalto molhado.
sair com as amigas pra beber.
assistir um filme comédia pastelão.
comer rabanada em dezembro.
receber um elogio de alguém que você não conhece.
o coração acelerado depois de fazer
alguma coisa que a gente gosta.
abraçar gente cheirosa.
escutar a música favorita tocar na rádio do nada.
observar as estrelas.
escutar nosso nome sair da boca da pessoa que amamos.
lembranças escritas em caneta.
fotos de uma época boa.
os primeiros segundos do Halls de uva verde.
o cheiro da comida da mãe.
uma ligação inesperada (sem ser da Vivo ou Santander)
ser correspondido.
planejar viagens fazendo pasta no Pinterest.
planejar o que fazer com os milhões
da mega sena da virada.
cheiro de Fusca.

assistir desenho animado.
chorar de emoção.
andar na rua sem ter pressa.
sentir o vento tocar o rosto.
café passado na hora.
senha wi-fi logo no cardápio.
vale-presente de uma loja massa.
plantas novas em casa.
uma notícia que muda muitas coisas pra melhor.
uma foto nova do Harry Styles.
fazer uma nova tatuagem.
terminar de ler os livros encalhados.
suspirar olhando pro nada e dizer: ai..ai..ai…

Terminar de arrumar aquela gaveta bagunçada.
Terminar aquele trabalho atrasado.
Terminar aquele namoro longo.
Terminar aquela velha amizade.
Terminar as desculpas, os planos, aquela conversa que ficou pra depois.
Interromper aquela faculdade que você não se vê no futuro, aquele vício de se preocupar com a opinião dos outros, a mania de achar que as pessoas vão se importar com você do mesmo jeito que se importa com elas.
E começar uma nova fase, e começar tudo de novo. Novas amizades, novas gavetas para colecionar coisas aleatórias, novos projetos para sorrir seus olhos, novos hábitos para te tirar da zona de conforto, novos rumos pra quebrar aquela mesmice que te fez enjoar até das cores das casas por onde passou.
E não existe quem te fale sobre chegadas ou despedidas.
E não tem sinais que te guiem melhor do que as batidas do seu coração.
Pra terminar, basta ter coragem.
Aquela que sai pela tua voz ao abrir a boca e dizer: *Não dá mais!*
Aquela que sai dos seus pés ao partir.
Aquela que sai dos seus braços na hora do adeus.
Pra começar basta ter vontade.

Aquela que te faz levantar todo dia pra vencer dragões.
Aquela que te faz falar: *eu consigo!*
Aquela que te faz voar, mesmo com os pés no chão.
(Re)comece, antes tarde do que nunca.
Fico desapontada cada vez que não ganho na loteria.
Penso: "Poxa, Deus! Você sabia dos meus planos."
Só coisa boa, uma casa com escritório
isolado, uma piscina pra criançada.
Árvores no meu quintal, assistiria a
despedida do sol de camarote.
Abriria meu café, quitaria meu carro (olha que
humilde, nem trocaria por um Volvo)
Daria muita grana para minha família, mas não
taaaanto a ponto de estragar suas vidas.
(sério, dinheiro demais não faz bem).
Doaria também muito dinheiro pra caridade,
gostaria de ter algum tipo de ong, só que sempre
fico meio confusa escolhendo quem ajudar.
Compraria umas blusinhas novas, tiraria um ano sabático.
Teria mais dois filhos, adotaria o sexto e fecharia
a "fábrica" (odeio esse termo e não acredito
que usei ele no meu primeiro livro)
Viajaria pra Finlândia pra ver a aurora
boreal e cantar aquela música do Rael.
Viajaria pro Egito pra ver as pirâmides
antes que elas virem pó.
Viajaria pro nordeste porque meu Brasilzão é top demais.
Escrevendo tudo isso me fez cair algumas fichas
do porquê eu nunca ter ganhado na loteria.
Esses planos podem virar realidade em proporções
menores ou demorar mais pra acontecer.

Posso ajudar minha família vendendo
10000000 de livros? Posso.
Posso ter ong sem ser milionária? Posso.
Posso ver aurora boreal? Posso, basta
parcelar em 20x no cartão.
Sobre o Egito, acho que as pirâmides estão bem firmes até.
Sobre os filhos, acho que só mais um
tá bom (marido agradece).
Sobre ter uma casa com vista pro sol, a
minha já tem, mesmo que alugada!
É Deus, parece que não ganho na Mega Sena porque já
tenho tudo que preciso pra correr atrás dos meus sonhos.

Escrevo pra entender (obrigada Cris Lisboa, pelo abrir
de olhos, mas se eu ganhar na loto, te dou 89 mil reais).

Queria escrever para as futuras mães.

Contar que comprei sapatinhos que meus filhos nunca usaram, roupas pequenas que não passaram pela cabeça.
Contar que fiz um quarto lindo de bebê que nunca usei, que mais parecia aqueles quartos de loja de móveis, que você acha lindo, entra, senta e vai embora.
Contar que fiquei dividida durante a gravidez toda, porque metade passei desejando loucamente ser mãe, a outra metade arrependida, pensando que tinha ferrado com minha vida.
Contar que não estava preparada pra tanto julgamento.
Contar que antes de ser mãe também julguei.
Contar que o melhor parto é aquele que você escolhe, que grupo de mães no WhatsApp (às vezes) é chato pra caramba, e que dormir muito durante a gravidez não te faz ficar mais descansada quando seu bebê nascer.
Quero contar que as tarefas domésticas não são divididas igualmente, e que você vai cansar muito, muito! E nem de longe será culpa de seu filho.
Quero contar que, por mais que você faça tudo de melhor, vai ter sempre alguém disposto a criticar o seu jeito de maternar (pior são os conselhos).
Vai ter sempre alguém querendo te diminuir, te confundir, te desanimar.

Quero contar que ter uma rede de apoio é essencial, que sentir vontade de fugir é normal, e que escutar baby shark é pior que escutar aquele seu primo desafinado cantar faroeste caboclo nas festas de família.
Quero contar que você vai se afastar dos amigos, mas os verdadeiros ficam do seu lado, fiéis até no caos, a maternidade é um divisor de águas.
Quero contar que não vai ser fácil, mas que você vai dar conta.
Vai dar conta e logo vai pensar em um irmãozinho.
Vai sonhar com a casa cheia, vai sonhar com novos nomes, com novos quartos e vai ter uma pasta no Pinterest lotada de referência de festa de aniversário infantil.
Queria contar que ser mãe é difícil, a coisa mais difícil que eu já fiz até hoje.
Mas vai valer à pena...
Vai por mim.

Eu sempre quis ser independente.
Não depender de pai, mãe, marido.
De tanto que eu sonhei, consegui.
Isso foi antes dos meus 30 anos (minha meta mental).
Trabalhei, trabalho, muito.
Não durmo um dia sem pensar que preciso trabalhar mais.
Ter meu dinheiro, meu trabalho, meu reconhecimento, faz toda diferença.
Me sinto forte, inspirada.
Desisti da faculdade de Turismo e Hotelaria, ia pra aula todos os dias achando que aquilo não era pra mim.
Não era e nunca foi.
Minha família insistia em dizer que sem faculdade não seria ninguém.
Tive sorte? Eu acredito que tive mais capacidade. Mais vontade do que sorte.
Quando eu coloco uma coisa na cabeça, ninguém tira.
Eu queria ser dona do meu negócio, dona do meu horário, dona de mim.
E mais uma vez, cito uma música do meu querido ídolo eterno, Chorão:
Pra quem tem pensamento forte
O impossível é só questão de opinião.

Considerando que a expectativa de vida de um brasileiro seja 80 anos, meus filhos viverão comigo, debaixo do mesmo teto, até pelo menos seus 20 anos.
Ou seja, viverão apenas 1/4 de suas vidas no ninho de mamãe, depois disso, irão buscar seu próprio caminho.
Morar fora, trabalhar, estudar.
Conhecer alguém (ou não), viver seus sonhos, colecionar boletos.
Comecei a pensar nessas coisas e me deu uma vontade louca de parar o tempo, de não planejar festa de aniversário, de não querer que eles sejam maiores pra ter logo a paz de ler meus livros, tomar meu café tranquilamente e viajar pelo mundo...
Me deu vontade de viver aquele primeiro dia de vida do meu primogênito que chorei pra cacete porque não sabia o que fazer.
Ou aquela noite em que minha filha esguelou de cólica e só minha barriga quente a fez parar de chorar.
Um dia eles vão parar de pedir colo, de pedir dinheiro, de pedir tetê.
Um dia vão partir pra viver os outros 60 anos que restam pra sentir saudade de um tempo bom que não voltará nunca mais.
O dia mais importante de nossas vidas é hoje.
Só hoje.

gosto da intensidade.

ou 8 ou 80.
nunca morno.
nunca pouca coisa.
nunca tive medo de perder ninguém por sentir demais.
não sou de medir palavras, não sou de economizar afeto.
sou louca apaixonada.
o frio na barriga nunca sai de mim.
o brilho dos olhos também.
eu procuro por isso.
vivo meus dias pra sentir a respiração prolongada
de quem acabou de ver a cor mais bonita do
céu, a nuvem mais poética de todas, o toque
que ativa todos os pêlos do corpo.
levo a sério essa história de seguir
as batidas do meu coração.
vai ver que é por isso que trilho meu caminho dançando.
me irrita chove e não molha.
me sufoca o marasmo das coisas.
gosto do que não é deixado pra amanhã.
a urgência da tempestade que se aproxima
e o cheiro bom que vem depois.

os primeiros segundos de um chiclete na boca.
o primeiro gole de uma bebida gelada no calor.
o abraço esmagador de um reencontro.
a sombra de uma árvore no sol do meio dia.
a música esquecida que volta a tocar.
o som das ondas quebrando na areia.
o cheiro doce das mãos da minha filha.
a luz do poste que acende às 18h.
o vento que traz cheiro de chuva.
o grito de uma mulher parindo.
a lágrima solo da saudade.
sonhos realizados sem pressa.
o mês de dezembro.

o silêncio é uma prece.
suplico calada uma ação dos céus.
é agora ou nunca.
em silêncio, me despeço dos pensamentos, em silêncio faço as pazes com minha respiração.
encontro minha voz.
inspirando, tenho força.
expirando, tenho foco.
respirando lembro de prolongar minha
vida por alguns segundos sóbrios.
o silêncio é uma prece.
encontro meus fantasmas e os perdoo.
na quietude dos dias, em meio ao caos.

calei o mundo ao respirar.
nada me pertence a não ser o ar que
entra em meus pulmões.
inspirando, encontro respostas, expirando,
agradeço pela oportunidade de sentir.
a cada 3 segundos renovo meus votos de amor por mim.
o silêncio me fez enxergar melhor.
doeu nos primeiros dias, foi um choque tirar o
véu dos meus olhos com o grito do silêncio.
atenta compreendi que observar é absorver.
observo o movimento desenhado pela
luz, absorvo a poesia dos dias.
observo meus medos e absorvo coragem.
o caos está presente nos papéis, no celular,
na sala e na louça pra lavar.
aqui dentro de mim, não.
inspirando encontro meu lar, expirando me sinto em casa.

aprendi andar de bicicleta sozinha, e como irmã mais
velha, senti que essa era minha missão na infância:
ensinar meus irmãos a tirarem os pés do chão.
era professora numa classe lotada de alunos,
o Fofão era o influencer da turma, mantinha
meus olhos nele. na época, rolava um boato que
ele escondia uma faca dentro do corpo.
meu desenho favorito era Anastásia, assistia
novela mexicana com minha vó.
Marimar e Maria do Bairro me faziam companhia,
eram outras Marias com histórias parecidas,
com vontade gêmea de dar a volta por cima.
sofria bullying sem saber o que era, só sei que doía
tanto que não tinha coragem de falar pra minha mãe.
minhas amigas tinham namoradinhos,
esse era o segredo delas.
eu tinha uma coleção de bonecas, esse era o meu segredo.
queria brincar, elas não.
queriam experimentar o amor antes dele amadurecer.
não era novidade encontrar uma
delas chorando no banheiro.
colecionava canetas com glitter e usava apenas
para escrever o cabeçalho, era tão caprichado
que no final da folha não conseguia sustentar
o padrão e terminava no garrancho.

minha mãe mandava suco de limão na lancheira e isso
era uma das coisas que mais me deixava decepcionada.
morria de medo de chamada oral e educação física.
conversava com as paredes, tinha uma agenda
cheia de adesivos e não tinha dó de usá-los.
tinha uma pasta só de folhas de fichário
que ganhava das minhas amigas.
brincava muito sozinha e essa era
a parte que mais gostava.
tinha dentro do meu quarto tantos cenários
que só eram vistos com olhos de criança.
me despedi bem tarde do meu mundo infantil, trocando
o faz de conta pela vida real que tanto ansiava.
até hoje sinto saudade das bonecas e de segurar
nas mãos dos meus irmãos pra dormir.

tenho observado os desconectados.
aqueles que respeitam o barulho natural do dia.
que não levam seus celulares pro banheiro.
tenho observado os atentos.
aqueles que olham para cima e não
para tela abaixo do nariz,
tenho achado mais interessante quem
não expõe sua vida nas redes,
quem não tem pressa, quem guarda seus
momentos preciosos para si.
tenho observado os desconectados e
pensado em fazer o mesmo.
o vazio tem tomado conta de meus olhos,
o excesso de informações tem tomado meu sono,
e o desespero de atitudes para chamar
atenção dos likes é triste de ver.

por osmose, vesti a camisa do time favorito do meu pai.
ele me levava em estádios lotados, comprava revistas
com pôster enorme pra grudar na minha parede.
eu fui a primogênita que carregou a herança
genética de um torcedor tricolor roxo.
com o tempo, torcer para o mesmo
time era nossa única ligação.
nem me dei conta disso na infância, fui perceber
quando já não me restava mais afinidade
senão vibrar pelo goleiro artilheiro.
o peso da camisa foi pesando.
o patriarcado me vestiu de vermelho, preto e branco.
nada disso seria problema se parte de mim
sentisse que aquilo tudo não era meu.
aquela paixão não era minha.
a cada grito de gol, a cada comentário
de jogo, nada mais fazia sentido.
o que nos unia, nos distanciou.
não era amor ao time, era febre.
queimou até curar.
meus irmãos que herdaram o mesmo time do
meu pai acharam que virei mais uma louca
num bando de loucos pra provocar.
não era provocação, era liberdade.

(sobre virar casaca e não me envergonhar
de seguir o meu caminho)

não tem um dia que passe que não me faça
pensar nas pessoas que se foram.
nas noites que chegam e se despedem mudas.
no vento me trazendo o cheiro de quase novembro.
no olhar dos meus filhos pedindo colo.
do meu olhar no espelho pedindo ajuda.
não tem um dia que passe que não sinta saudade.
do que não vivi, do que já vivi, do que deixei de viver.
do barulho do despertador da minha
vó que era um galo cantando,
do cheiro de bala nas mãos enquanto
brincava de esconder.
não tem um dia que passe que não
sinta meus olhos molhados,
minha garganta seca, meu pensamento distante.
não tem um dia que passe que não sinta
minha vida passar também.
no silêncio das horas, nas rugas das
mãos, no calendário na parede.
escutando los hermanos concordo com o
Amarante, também gosto do gasto.
e se o que eu sou, é também o que eu
escolhi ser, aceito a condição.
mas não tem um dia que passe que não
me faça querer viver tudo de novo.

o vento tá bom pra subir pipa.
você falava a pipa ou o pipa quando era criança?
ele disse: a pipa, pensei: ufa!
feitos um para o outro só por conta do pronome.
a pipa subiu, o tranco era o mesmo
de um pintado no molinete.
nunca peguei pintado, mas te juro que era tipo isso.
solta linha, desbica, parece queda livre.
eu com medo de enroscar na árvore, pensando
bem pior seria num fio de alta tensão.
relaxa, solta a linha.
quem é míope faz o que? se esforça pra
não confundir a pipa com pássaro.
o vôo é lindo igual, tirando a linha que faz
barulho no carretel improvisado.
tirando a liberdade em minhas mãos, tirando a falta de asas.
parece pássaro, mas é pipa.
e tá longe.
esqueci de escrever um bilhete pra levar
pra Deus, eu e meus rituais.
eu e minha mania de comunicação mística.
quero respostas, mandaram vento.
forte, sem direção definida, sem nuvens no céu.
queria puxar de volta, ver a seda amassada,
encontrar um sinal no papel.
o dente decidiu seu destino.
rasgou a linha de um jeito nada ortodôntico e assim foi.
boiando, longe, tão longe que era
impossível ver com olhos míopes.

feliz fim para um pedaço de papel roxo
que eu mesma não dava nada.
voou mais alto que eu.
em todos os sentidos.

nossa existência não é só preencher espaços vazios.
nossa existência é sobre ocupar
corações, histórias, saudade.
todo mundo carrega em si um universo
particular, e ele é infinito.
não tem como se conhecer bem sem
falar sobre luz e sombra.
a luz que desenha tudo que você vê,
que te mostra o caminho.
a luz que te inspira e te faz ser uma pessoa melhor.
uma pessoa com sonhos a se realizar, uma
pessoa que vê o lado bom da vida.
porém, precisamos falar sobre as sombras.
o medo, a falta, seu ponto fraco, a dor que
te fez sentir do jeito que você sente.
falar sobre a sombra é chegar no seu estado vulnerável,
mostrar quem você é sem disfarces, sem jogo, sem filtro.
precisamos da luz e da sombra.
precisamos viver intensamente os dois lados, encontrar
beleza no caos, encontrar beleza na felicidade.
encontrar a beleza de ser imperfeito e humano.

o poder da palavra vem de tudo isso.
desse sentir feito trem desgovernado.
o coração é um músculo involuntário que
pulsa na fossa e nos momentos de alegria.
o coração diz quem você é.
suas palavras, quando escritas ao som das batidas
desse pulsar, te fazem entender os ciclos das coisas.
te fazem lembrar daquele dia que você saiu da
rota, que você disse *não* querendo dizer *sim*.
quando você se colocou no lugar do outro
pra que a felicidade, enfim, reinasse.
o poder da sua palavra vem do resgate de tudo
que você já foi, com tudo o que você pode ser.
o passado, o presente e o futuro.
escrever é mais fácil do que encarar
olhos inquietos em sua direção.
não existe um julgamento, não existe a ameaça dos
braços cruzados, não existe o tom de voz alta.
escrever coisas que você não sabe dizer.
escrever coisas que estão dentro de um relicário, que ao
serem colocadas no papel com palavras, se tornam reais.

enquanto escrevo esse texto reparo no céu, no
som das árvores ganhando voz com o vento.
é profundo saber escutar, saber olhar o voo
alheio, sorrir ao ver uma luz bonita rasgar
a cortina da sala e parar no chão.

é profundo ser solitário e sentir emoção.
é profundo resgatar o que te dói e transformar em poesia, mesmo que triste.
é profundo estar presente com a cabeça no dia de ontem.
é profundo escrever palavra por palavra sem intenção de nada a não ser alívio.
a não ser encontro, a não ser promessa.

a chama acesa apaga.
uma hora ou outra.
assim como as fases ruins,
assim como a dor,
assim como o medo.
tem começo, meio e fim.
acredite.
vai durar o tempo que tiver que durar.
vai acontecer o que tiver que acontecer.
e vai passar.
a chama acesa apaga.
uma hora ou outra.
acaba.

me perco tentando buscar coisas que não
sei mais onde estão dentro de mim.

como as chaves e as canetas que somem
misteriosamente, me sinto objeto pulsante à deriva.
longe de ver terra firme.
e eu só sou uma garota ferrada procurando
minha própria paz de espírito.
a eterna busca por uma coisa que nunca
nem vi, mas sempre amei.

a gente quer ser fortaleza.
pedir a bola, bater no peito e fazer o gol.
quer dar conta de tudo, achando que o
fato de engolir sapos e matar um leão por
dia nos garantirá o selo *sou foda!*
Até ganhamos estrelinhas imaginárias enquanto vemos
nosso corpo mandar sinais de exaustão, que disfarçamos
com vitamina C efervescente num copo americano
seguido de um café amargo que tem mais pó que água,
que nos faz lembrar que a vida começou mais uma vez.
Otimismo vazio não faz mais sentido nessa altura
do campeonato: vai dar tudo certo, tudo passa!
Mas até dar certo e até tudo passar,
já estamos em frangalhos.
queria poder deixar de lado essa mania de querer
levar o mundo nas costas, mas me desespera o fato de
depender das pessoas pra vencer algumas guerras.
é um ciclo vicioso: cair, levantar, cair e levantar de novo.
a gente quer ser fortaleza.
só que a gente esquece que por trás dessa armadura
amassada, corre sangue quente e bate um coração
desassossegado, não somos de ferro, somos efêmeras.

Que hora vai pingar a gota que falta pra te transbordar?

Pra te fazer acordar e perceber que a vida
é tão maior do que essa rotina toda.
Pra te fazer entender que a felicidade
está nas coisas que nos libertam.
Que hora vai sair esse grito entalado na sua garganta?
Que te sufoca por ter que engolir
tanta coisa de pessoas vazias.
Que hora vai arrepiar os pêlos do seu corpo
por sentir que está no caminho certo?
Por sentir que as coisas do mundo estão
em sincronia com suas vontades?
Que hora você vai se olhar no espelho e perceber
que você não é a mesma pessoa de ontem?
Que hora vai dizer "sim" para as perguntas que você
tem medo de responder por falta de coragem?
A hora é essa, o minuto é esse.
Se você não der o primeiro passo, nunca sairá do lugar.

Maria acorda sem despertador.

Fica caçando assunto e acha.

Percebe que o problema de todos os problemas é ela.

Ela que dança a música mais rápido que a batida, ela que se irrita com o som das coisas, ela que chora no banheiro porque quer, ela que lava a louça sem precisar lavar, ela que recolhe os brinquedos do chão sem convite, ela que antecipa a lancheira das crianças.

O mundo está girando em seu sentido certo, ela que vai contra o rumo.

Disseram que o melhor seria ignorar os fatos, fingir demência, priorizar o que precisa ser priorizado. Ela não quer fazer nada disso porque a coisa mais difícil de todas é passar por uma roupa no chão sem catar com o dedão do pé.

O problema da Maria é que ela nunca fecha os olhos.

somos feitas da natureza selvagem,

nossa intuição não erra, nossa
coragem transforma destinos.
se no passado nos fizeram queimar,
hoje renascemos das cinzas.
e tudo aquilo que queima, tudo
aquilo que se poda, fortifica.
liberdade é uma condição.
não existe outro jeito de ser feliz se não for livre.
não existem regras.
pra quem tem a Lua como Deusa, nada é impossível.
somos bruxas, se é assim que chamam
as mulheres que nada temem.

o amor não humilha.
não limita, nem maltrata.
não ameaça, nem faz joguinho.
o amor não machuca.
o amor não judia.
o amor não sufoca.
o amor não fere.
o amor não boicota.
não diz coisas ruins, não faz chorar de nervoso.
fuja de quem ama desse jeito.
de quem diz que o ciúmes é o amor que transborda.
das ameaças tóxicas que te impedem
de fazer as coisas que gosta.
que censura sua roupa.
que não te deixa dançar.
de ter suas amizades.
de ter o seu mundo particular.
fuja de quem fala que o amor é assim.
fuja de quem diz que vai morrer de amor, pois
há quem diga que mate por ele.
o amor é o sentimento mais lindo que existe,
lindo porque é grandioso, livre e puro.
se você vive um amor que te faz mal,
o nome disso não é amor.
ame a si mesma, acima de tudo, acima de todos.
o amor próprio cura todas as dores da alma, o amor
próprio te faz dona de suas próprias escolhas.

dona da sua vida.
Amor
Próprio.
Meu
Por mim.
E me sentir assim
Faz de mim
A pessoa mais linda que já vi.

Tantos projetos que adiamos porque
não tem nada muito certo.
E vão passando os dias, as oportunidades, os momentos...
Mas nunca é a hora certa.
A gente joga a culpa na falta do cartão de
visita, do site, da embalagem, do CEP.
Espera mais um pouco, ainda não...
Olhando pro lado, você vê que o tempo não pára.
Não existe *pause* na vida real.
As pessoas seguem com seus objetivos,
colocando-os em prática, saindo da linha de
partida e se aproximando da linha de chegada.
E você ainda não saiu do lugar.
O medo paralisa, a insegurança te faz andar
três casas pra trás. "Ainda não é a hora,
não sei se é bem isso que quero."
E como vai saber? Quebrando a
cara, tentando e arriscando.
A zona de conforto é tão gostosa, né? Mas te juro
que se você ficar aí, vai passar a vida se perguntando
como seria se tivesse saído dessa bolha.
Não espere saber quem você é pra começar.
Só vai.
Se cair, levanta, se não der certo, pelo menos tentou.
Só não fica parado.
Só não deixa de viver.
Teus sonhos.

tenho estrias que contam histórias de três nascimentos.
curvas que ganhei e que jamais me deixaram.
cabelo que vi brilhar e cair drasticamente
nos primeiros meses de amamentação.
já usei sapato 37, mas agora meus pés
ficam mais confortáveis no 38.
se gravidez muda até o tamanho do pé,
imagina o tamanho da bunda?
além das transformações físicas, transformações
emocionais impossíveis de esconder.
se antes chorava demais, hoje sou a
verdadeira Maria do Bairro.
se antes engolia sapo, hoje solto os cachorros.
se antes era uma menina, virei mulher
depois de tantas luas cheias.
suportei grandes dores, dormi poucas horas, me
protegi do veneno das palavras, e me perdoei
de qualquer culpa que tenha sentido e por não
ser a mãe perfeita que a sociedade espera.
sou minha melhor versão.
essa toda arranhada, bonita por natureza.

Tenha seu próprio dinheiro.
Escolha seu corte de cabelo e o que você quer vestir hoje.
Não ligue para o que vão pensar, faça o que tiver vontade.
Não case sem amor, não case sem vontade, não junte os trapos se no seu coração essa certeza não é absoluta.
Não faça cursos que sua mãe gostaria de ter feito, não vá atrás de diplomas pra orgulhar seu pai.
Não aceite menos do que você merece, não feche os olhos para o que te incomoda.
Não concorde por educação, nem fique com alguém por estar acomodada demais pra começar uma nova vida.
Não se submeta.
Siga seu coração, mesmo que esse não seja o caminho que te deixará milionária como imaginou ser um dia, mas que te trará paz de espírito.
Seja livre para escolher o que quer ser, quem amar, onde ficar.
Escolha ser feliz ao ter que agradar os outros.
Escolha ser amada ao ter que ceder por anos e anos achando que algum dia aquela pessoa vai mudar e te dar valor.
Escolha ser forte ao ter que abaixar a cabeça por medo de perder aquilo que você já perdeu e nem percebeu.
Escolha ser a dona do seu destino.
A sua história é escrita e dirigida por você mesma.
Reescreva quantas vezes for preciso até encontrar o desfecho maravilhoso que ela merece.
Não dá pra ser a mesma de sempre.

As coisas acontecem, as ideias se transformam e evolui.
Quem diz que nunca vai mudar de jeito, pra mim,
é uma pessoa pra se deixar passar na vida.
Gosto de ver como meus amigos mudaram, como
meus familiares mudaram. Os chatos estão legais,
os legais ficaram caretas, e os malas, os malas são
esses que não querem mudar de jeito nenhum.
Se fisicamente em mim tudo mudou,
imagina o que passa aqui dentro?
Bater no peito com orgulho dizendo: Eu sou
assim! E sempre serei assim, é triste.
Nascemos brutos, ignorantes e frágeis. As experiências
nos lapidam, nos abrem os olhos, nos deixam fortes.
A gente se apaixona, chora, sofre, luta, sente, deseja.
O que era doce, hoje já não é mais.
O que era feio, hoje já não é mais.
E o que era triste, hoje já não é mais.
É o ciclo da vida, com suas reviravoltas
e aventuras de tirar o fôlego.
Prefiro ser essa metamorfose ambulante do que
ter aquela velha opinião formada sobre tudo.
Raul sempre teve razão.

gosto do frio na barriga,
as mãos que suam e tremem.
o beijo rasgado, a língua que atravessa.
o cheiro no pescoço, a respiração profunda.
o abraço que bagunça o cabelo e tira minha roupa.
gosto do olho no olho e olho na boca.
o convite que ficou no ar, o corpo que começa a dançar.
gosto de deitar e de lá sair só depois de morrer de amor.

Amor próprio é revolucionário.

E é uma coisa que preciso trabalhar todos os dias.
As coisas ficaram difíceis depois da maternidade,
demorei muito tempo pra aceitar as mudanças, e
ainda existem coisas que não consegui digerir.
A pancada é forte, drástica e invasiva.
Tomaram meu corpo e meu mundo, tiraram
meu sono, colocaram tanta responsabilidade
nas minhas costas que me curvei.
Às vezes, me pego pensando coisas do tipo: quem
sou eu? Onde estou? O que é pra fazer mesmo?
Uma onda de pensamentos loucos me invadem tipo
tsunami quando me vejo em fotos antes da maternidade:
onde foi parar essa moça? Sequestraram, só pode!
Não, tá aqui dentro de mim, diluída em
cada novo átomo dessa nova vida.
Nova vida (lê-se quase 9 anos).
Ainda não me acostumei, confesso.
Ainda me olho no espelho e tento lembrar de
onde é mesmo que conheço essa moça.
Ainda é difícil.
E é revolucionário pensar nesse processo,
mesmo que tenha dias que eu fracasse, nem
que tenha dias que me sinta foda.
Amar é assim, né?
Transforma-dor.

O medo freia.
Tira o pouco da coragem que tínhamos nos pés.
Ele cega porque faz a gente não conseguir ver e
nem sequer imaginar como seria se escolhêssemos
um novo rumo, uma nova história.
O medo faz com que a zona de conforto seja nosso
único mundo, e vivemos beirando a linha que nos
separa das novidades e sensações que desconhecemos.
Deixamos de encerrar histórias por medo de
não conseguir algo melhor e ficamos num ciclo
vicioso, onde tudo está ok, tudo sob controle,
mesmo que a felicidade não more mais ali.
É difícil largar um emprego pra ir atrás
de um sonho, é difícil romper relações
desgastadas, é difícil mudar de vida.
Porque tudo envolve medo, medo de dar errado.
A partir do momento que você pensa em sair da
casinha, isso já quer dizer muita coisa sobre você.
Isso quer dizer que a sua vontade é maior
que as incertezas do caminho e que você está
preparada pra dar um passo no escuro.
Por isso, minha amiga, se der medo,
vai com medo mesmo.

(esse conselho só não serve pra quem tá com medo
de pular num mar cheio de tubarões, ou cruzar de
slackline de um penhasco pro outro, o nome disso
não é medo, é intuição, vai dar merda mesmo)

Tente outra vez agora, ou daqui uma hora, ou amanhã.
Tente outra vez, um novo ciclo começa todos os dias.
Não espere muito.
Faça o melhor por você sem esperar recompensa
da vida ou aplausos por suas conquistas.
Faça por você, pelo brilho dos seus olhos,
pelas batidas do seu coração.
Tente outra vez, sempre.
A esperança voltará a ser copo cheio
depois da meia-noite de hoje.
Não deixe esse copo esvaziar com o passar dos dias.
Um novo dia te espera,
faça um desejo de olhos fechados e respirando bem
fundo, agora corra atrás dele com muita vontade.
Tudo só depende de você.

Eu tive muito medo de ser mãe.

Era um medo imenso, desses que atormenta e tira o sono.
Eu tinha vontade de perguntar pra todas as
mães que encontrava coisas do tipo:
– dói pra amamentar? Você é feliz? Você consegue
fazer as mesmas coisas que antes? Dói parto normal?
dói cesárea? Você dorme? É verdade que meu corpo
vai mudar pra sempre? É verdade o que dizem sobre
a tristeza que bate depois que o neném nasce?
Essas mães me respondiam quase sempre com
um sorriso no canto da boca, como quem não
quer assustar, mas também não quer mentir.
Elas me disseram que eram felizes mesmo com a dor da
amamentação, mesmo com a privação do sono, mesmo
com os quilos a mais, mesmo com o choro solto, mesmo
com os pontos da cesárea, mesmo com o esforço do
parto, mesmo sem tempo pra fazer as coisas de antes.
Entendi aquilo como um grande:
segura na mão de Deus e vai!!!
Hoje em dia, sou eu que respondo essas perguntas
de mulheres com medo do desconhecido,
ansiosas pelos spoilers da vida materna.
E se a maternidade fosse um filme, classificaria assim:
Aventura com muito drama, suspense na
medida certa, ação do começo ao fim.
Vai ter romance (algumas cenas depois da meia-noite) e
muita comédia escrachada, com altos ataques de riso.

Eu diria que é um filme bom pra não dormir e vai ter quem queira sequência, tipo "se beber não case" que já tem 3 ou "velozes e furiosos" que já tem 8.

Pra morrer, basta estar vivo.
Pra viver, basta abrir os olhos.
Se você se ofende com a morte, tenho péssimas notícias pra te dar.
Tem gente que prefere viver de ilusões, de olhos bem fechados.
Eu prefiro viver da poesia dos momentos.
A dor é real, a separação é real, a morte é real.
Morre todo dia, o dia.
Nasce toda noite, a noite.
A beleza da vida não precisa necessariamente ser o belo, nem a tristeza da alma ser necessariamente o fim.
O palco que está abaixo de seus pés te dá uma única chance de apresentação, sem ensaios, sem rodeios.
É agora, é isso.
Ame, chore, seja, sinta, perdoe e agradeça.
Respire e perceba enquanto seus pulmões enchem de ar que você ainda está no palco e que seu show vai continuar.

Somos nossos livros, nossas músicas,
nossas séries favoritas.
Somos as pragas que rogamos, as orações
que rezamos, somos o que pensamos.
Somos nossos ancestrais, suas lutas, sua evolução.
Somos promessas de dias melhores.
Somos nossas ações, nossos medos e sonhos.
Somos o som de nossos corações, com
velhos romances e novas paixões.
Somos de carne e osso, iguais a todos, diferentes de tudo.
Somos feitos de vivências, de traumas,
de exemplos, de decepções.
Somos feitos de razão e emoção.
Somos o caminho, a verdade, a fé.
Somos nossos erros, nossos defeitos.
Somos as palavras lançadas, o orgulho ferido.
Somos o arrependimento, o pedido de
perdão, a lágrima escorrida.
Somos o amor quando amamos, somos o ódio
quando odiamos, somos a paz ou somos a guerra.

Eu tenho minha lenda pessoal, acredito no que o universo diz, escuto meu coração para tomar as decisões mais importantes da minha vida. Confio nos sinais, confio no meu destino. Me conecto com a natureza, observo a luz, escuto os sons que me cercam. Sou uma parte do cosmo, sou feita da alma do mundo. Pergunto coisas em voz alta sem ninguém estar ao meu lado, dizem que falo muito sozinha, mas é que ninguém consegue escutar as respostas que só eu consigo ouvir. "Quando você quer alguma coisa, todo o universo conspira para que você realize seu desejo." Maktub: já estava escrito.

tire uns minutos pra tomar sol.
leia aquele livro que você comprou faz tempo,
estude algo novo.
não perca seu tempo cuidando de uma vida que não
é sua, dando opiniões pra pessoas que não pediram,
sendo uma pessoa que não faz diferença no mundo.
Reveja conceitos,
faça uma prece,
esteja em paz.
Um coração cheio de amor não tem espaço pra maldizer.

Filha, não existe príncipe encantado, esqueça tudo isso.
Não é com um monte de mentiras
fantasiosas que você vai crescer.
Não existe príncipe porque você não precisa de um.
Você não precisa acreditar que um homem
salvará a sua vida, que só ele te fará feliz.
Você é dona do seu destino, do seu
corpo, da suas escolhas.
Dona da sua voz, da sua opinião.
Cresça sabendo que você é a heroína da sua história.
Cresça corajosa o suficiente para encarar essa sociedade
machista que tentará te limitar, diminuir, humilhar e te
inferiorizar pelo simples fato de ter nascido mulher.
Essa mesma sociedade diz que homem não chora, que
lugar de mulher é na cozinha, que uma mãe não deveria
trabalhar e sim ficar em casa cuidando de seus filhos.
Essa sociedade te julgará o tempo todo e
vão dizer que a culpa é toda nossa!
Tudo por causa do nosso comportamento, do jeito
que nos vestimos, do nosso estilo de dançar, nossa
maneira de falar e os lugares que frequentamos.
E você vai perceber que o errado é quem
julga, errado é quem pensa assim.
Você é a protagonista da sua vida, tem o poder do não,
o poder de lutar e gritar por qualquer desigualdade
que aparecer (são várias e daremos um jeito nisso).

Você é a única pessoa que te fará
completamente inteira e feliz!
A felicidade não está em um "príncipe", filha.
A felicidade está nos direitos que adquirimos dia a dia.
Ser mãe de menina só trouxe mais empoderamento
pra minha vida, trouxe essa missão maravilhosa de
te educar, de abrir teus olhos, segurar a tua mão.
Você não está sozinha.
Essa luta é nossa.
De todas nós.

(escrevi essa carta pra Amelie em 2016 e sempre que
pensava em escrever um livro, pensava nele no projeto <3)

Ele gosta de correr, eu gosto de dançar.
Ele não é muito de falar, eu falo por dois.
Ele é discreto, eu tenho Vênus em Leão.
Ele gosta de garage rock, eu gosto de sambinha.
Ele prefere coisas salgadas, eu prefiro as doces.
Ele gosta de tomar banho muito quente e demorado, eu gosto de banho morno de 3 minutos.
Ele é de Aquário, eu sou de Câncer.
Ele é calmo, eu sou estressada.
Ele é débito, eu sou crédito.
Ele nasceu no verão, eu nasci no inverno.
Ele deixa tudo pra depois, eu sou desesperada.
Ele é esquecido, eu sou meio.
Ele é lindo, eu sou simpática.
Ele não dirige bem, eu já me garanto.
Ele gosta de chuva, de preguiça na cama, de café coado, de ficar em casa, de andar de mãos dadas, de procurar coisas novas pra fazer, de assistir série sem parar, de fazer playlist pra escutar no carro, de janta Masterchef, de olhar pra lua, de tomar vinho jogando tranca.
eu também.

Quente, potente, amolece ao ouvir o
som da voz das pessoas que amo.

Aperta na saudade, acelera no encontro.
Faz que não vai ceder e cede.
É lar de tanta gente, algumas quiseram partir.
Outras quiseram ficar e aqui estão, enraizadas.
Tem vontade de abraçar o mundo e toda
vez que não consegue, sangra.
Às vezes se cala, desacelera.
E isso acontece quando não escuto
o que ele tem pra me dizer.
Não gosta quando uso a cabeça, não gosta da razão.
E sabe que muitas vezes estou errada.
Viver pra seguir o coração é um risco nada controlado.
É pedir pra ir «com emoção» na montanha-russa da vida.
Pular no escuro, abraçar o que não conhece.
Amar o que brilha os olhos.

já é tarde, fica até amanhã.
melhor não sair assim no meio das estrelas.
conversa! tem algumas coisas que eu ia falar e esqueci.
você sabe como fico quando faço planos,
as palavras saem correndo.
eu sei que falei que ia anotar os assuntos, tenho
na cabeça que casal que dura muito tempo
juntos é aquele que não falta conversa.
o silêncio diz muitas coisas e não vou saber explicar
o que sairá dos nossos olhares na quietude.
então fica até amanhã, até a luz do poste
apagar e mostrar que é dia lindo.
ou fica pra sempre sem precisar
devolver o carro para o teu pai.
é tão ruim me despedir com abraço apertado
e um até mais com voz de sono.
lembrei o que ia falar!
eu queria que você morasse aqui.

primeiro pensamento do dia enquanto tomo café
de balde é tentar imaginar que horas cada um
terminará seus sonhos para se juntar comigo.
interromper meu silêncio com perguntas, estimular
meus olhos com desenhos coloridos.
fazer meu café esfriar.
cada um no seu tempo, e o meu é lento
enquanto a casa não acorda.
o meu é manso, o meu é meu.

sou perigosa,
na curva sem freio,
derrapo sabendo do risco.
antecipo seu jogo.
enquanto você está indo,
mal sabe que estou voltando.

eu te vi, você me viu.
passou na minha cabeça que você seria meu marido.
que sensação estranha olhar para os
olhos de alguém e ler o destino.
ainda não era hora, demorou pra ser.
precisei ir pra longe para finalmente te encontrar.
nesse tempo você pensava em mim,
nos filhos que teríamos, nas viagens, na nossa cafeteria.
e de tanto imaginar, materializou.
você gostou da minha foto, eu sorri 270 km de distância.
eu disse vamos aí? logo depois que você acenou.
dia 13 por telefone prometeu amor de verdade.
dia 14 depois de alguns anos,
trocamos nossos sobrenomes.
e agora todos os dias vivemos resgatando essas miudezas
que fez do nosso romance, um romance real.
parece coisa de filme, tirando a parte
dos créditos subindo na tela.
escrito e dirigido por Maria e Michel.
amOr.

⊙ editoraletramento	🌐 editoraletramento.com.br
(f) editoraletramento	(in) company/grupoeditorialletramento
(y) grupoletramento	✉ contato@editoraletramento.com.br

🌐 casadodireito.com	(f) casadodireitoed	⊙ casadodireito